INSTRUCTION
CONSTITUTIONNELLE

SUR LES ASSOCIATIONS

POUR LE REFUS DE L'IMPOT,

ou

LE JEUNE MAIRE DE VILLAGE

ET

SES ADMINISTRÉS ;

Par M. Chabran.

La propriété qui cesse de payer ses contributions, cesse aussi d'avoir un maître.

PRIX : 50 CENT.

PARIS,

Chez **LEDOYEN**, Libraire, Palais-Royal, Galerie d'Orléans,
N° 33.

Mars 1830.

INSTRUCTION
CONSTITUTIONNELLE.

Le Maire à ses Administrés.

Messieurs,

Plusieurs feuilles périodiques reçues dans cette commune, attaquent, de la manière la plus violente, le dernier ministère que le Roi a choisi ; ils supposent aux ministres l'intention de vouloir changer la forme de notre gouvernement ; ils nous les représentent comme les ennemis de la France constitutionnelle, et nous engagent à former des associations pour le refus de l'impôt, dans le cas où la Chambre des députés elle-même rejetterait le budget de l'État.

En conséquence, vous avez désiré me consulter sur la conduite que vous avez à tenir dans cette circonstance. Je suis prêt à répondre à toutes les questions qu'il vous plaira de m'adresser, et je me croirai heureux si mes faibles lumières peuvent contribuer à la conservation de la paix dont nous jouissons et au maintien de l'ordre et de la tranquillité que quelques ambitieux, seuls, ont intérêt de troubler.

Un Abonné au Constitutionnel.

L'article 48 de la Charte porte : « *Aucun impôt ne peut être établi ni perçu, s'il n'a été consenti par les deux Chambres et sanctionné par le Roi.* » Or, si la Chambre des députés rejette le budget, n'est-il pas constant qu'on ne peut nous demander le paiement de nos contributions, sans violer l'article que je viens de citer ?

Le Maire.

Avec cette Charte dont la sagesse de Louis XVIII a favorisé la France, les révolutions et contre-révolutions sont désormais impossibles. Les droits attribués à chacun des trois pouvoirs y paraissent admirablement tracés ; mais la perfection n'a point été accordée à l'esprit humain ; et si quelques dispositions se heurtent de manière à ébranler l'ensemble de l'édifice, le Roi, auquel appartient exclusivement la puissance exécutive, doit prendre les mesures nécessaires pour assurer notre tranquillité, en attendant que l'harmonie soit rétablie entre ces mêmes pouvoirs.

S'il arrivait que la Chambre des députés votât contre la loi des finances, et si cet acte était pour nous un ordre que nous dussions suivre aveuglément, nous nous serions donc soumis à une obéissance passive envers nos mandataires ? Quelles calamités un tel état de choses n'entraînerait-il pas ! Sans impôt, désorganisation complète de la Société, plus de justice, plus de sécurité dans la possession, car la propriété qui cesse de payer ses contributions, cesse aussi d'avoir un maître ; mais heureusement il n'en est point ainsi. Notre devoir, en pareil cas, serait d'examiner les motifs qui ont fait agir nos députés, et si ces motifs tendaient à empiéter sur les droits que la Charte réserve à la Couronne, nous devrions regarder leur décision comme non avenue, et les faire rentrer dans l'exécution du mandat que nous leur avons confié.

Nous, agriculteurs, artistes, commerçans, manufacturiers, que nous importe que des ambitieux portent leurs vues sur le titre de Monseigneur ! que, pour parvenir à de hautes fonctions, il nous disent que la France, dans une attitude calme et ferme, est prête à repousser les choix que le Roi a faits!

Le mot de France dont on se sert avec tant d'emphase, c'est nous. L'attitude calme et ferme que l'on nous demande, c'est de dire au Roi : « Nous ne reconnaissons pas l'article 14 de la Charte, nous voulons que vous preniez les ministres que les journaux vous désignent, sinon nous vous re- fuserons l'impôt.

Si nous adoptions ce moyen de violence, les tribunaux le condamneraient, et alors.... nous ré- volterions-nous? verserions-nous notre sang pour la gloire de quelques orateurs se disant nos amis? pour livrer entre leurs mains l'exercice des préro- gatives de la Couronne? Non; car nous trahirions le serment de fidélité que nous avons tous juré aux sages institutions qui nous régissent.

Un Abonné au Courrier français.

L'article 18 de la Charte porte : « *Le vote des dé- putés doit être libre...* » Or, peut-il être soumis à notre investigation ?

Le Maire.

Oui. Tout acte dont les suites peuvent troubler notre repos doit être soumis à notre examen, si le

motifs qui l'ont fait naître ne sont point confor-
mes à l'esprit de nos institutions, nous devons le
repousser avec mépris ; si, au contraire, ces motifs
avaient pour but de combattre des mesures quel-
conques qui tendraient à la destruction flagrante
de notre gouvernement représentatif, nous devrions
mourir plutôt que de rester indifférens à son exécution.

Les intrigues de la Capitale, Messieurs, peuvent
former, momentanément, une majorité qui, pour
soutenir un principe faux, nous entraînerait, sans
le vouloir, sans doute, dans un abîme de désordres.

Je dis un principe faux, et je le prouve.

L'article 14 de la Charte porte : « *Le Roi nomme
à tous les emplois d'administration publique.* »

Si le choix de sa Majesté tombe sur des individus que la Chambre ne voit pas avec plaisir, celle-
ci peut, j'en conviens, faire connaître respectueu-
sement au Roi que les hommes par lesquels il se
fait représenter, ne lui paraissent pas dignes de
remplir une tâche aussi honorable, et lui faire, à
ce sujet, toutes les observations avouées par les
convenances et le respect dû à sa Majesté.

Mais provoquer nos mandataires, comme le

font certains journaux, à l'emploi de la force pour détruire une des prérogatives de la Couronne, est un acte de rébellion tellement absurde, qu'il produira sur la majorité de la Chambre et de la nation un effet tout opposé à celui qu'on en attend.

La force de la Chambre est dans le refus du budget; employer cette force, pour violer l'article 14 de la Charte, serait de sa part une action aussi blâmable que si le Roi, voulant régner en despote, employait les forces qu'il a à sa disposition pour anéantir notre système constitutionnel.

Un Abonné à la Quotidienne.

Non. La royauté ne serait point blâmable pour abolir la Charte, elle nous l'a octroyée, elle peut l'abroger : c'est l'avis d'un magistrat éclairé, d'un homme de génie. Si le Roi prenait ce parti, quels moyens auriez-vous pour vous **opposer** à sa volonté ?

Le Maire.

Ah ! Messieurs, conseiller à Charles X de trahir ses sermens, c'est lui parler un langage qu'il ne comprend pas. Tous ces écrivains insensés ou fatigués d'un repos dans lequel leur position ne trouve point à satisfaire l'ambition qui les dévore, laissons-les écrire, crier tant qu'ils voudront, que les uns cherchent, dans nos députés, leur instrument de trouble, que les autres plus audacieux encore veuillent le trouver dans la royauté, que nous importe! Aujourd'hui la voix de tous ces fauteurs de désordres ne rencontre plus en France qu'un immense désert.

La sagesse de notre Monarque, son amour pour nous et son attachement à nos institutions me dispensent de répondre à la question de M. l'abonné à la Quotidienne.

Un Abonné au Journal des Débats.

Comme vous, M. le Maire, je suis plein de confiance dans les vertus de Charles X. La Charte à la main, il nous dira toujours, je suis le **chef** de l'état, et jamais nous ne l'entendrons répéter, l'état c'est moi.

Mais les ministres actuels déplaisent aux rédacteurs du journal auquel je suis abonné. Ils veulent, dans notre intérêt, disent-ils, que le Roi prenne d'autres conseillers, et n'ayant pu, jusqu'à présent, arriver à leur but, ils tournent leurs doléances sur la Chambre des députés à laquelle ils cherchent à prouver qu'il est de son devoir de rejeter le budjet si le ministère n'est pas changé. Je crois que ces rédacteurs obéissent à un sentiment de haine contre des hommes qui ne les comblent pas de leurs faveurs; mais ce n'est pas là ce qu'ils avouent. Ils les attaquent si adroitement qu'on les croirait véritablement désintéressés. Tous ces journalistes ont de l'esprit, et si, au moyen de ces belles phrases où ils nous témoignent tant d'amour et d'attachement, (sans que nous ayons l'honneur de connaître ces Messieurs) nos députés allaient se laisser séduire et voter contre le budjet? L'article 48 de la Charte est là, et il vous reste à répondre à la question de M. l'abonné au Constitutionnel.

Le Maire.

Nos députés sont trop éclairés et trop intéressés eux-mêmes au maintien de l'ordre, pour ne pas comprendre qu'on ne les pousse à un acte de violence, que pour satisfaire la passion et l'intérêt de quelques individus;

Pour ne pas comprendre que la faculté de refuser l'impôt ne leur a point été accordée pour imposer au Roi le choix de ses Ministres, de ses Préfets, de ses Généraux, de ses Juges, de ses Procureurs, et enfin de tous les hommes dont il a besoin pour faire mouvoir les rouages de la machine constitutionnelle, dont il dirigera toujours les mouvemens dans le sens qu'il jugera le plus propre à nos intérêts et à notre tranquillité ;

Pour ne pas comprendre que le rejet du budjet, pour un pareil motif, serait une chose dérisoire, puisque le Roi a le droit incontestable de changer ses ministres quand bon lui semble. En effet, que le budjet soit voté sous le ministère d'hommes agréables ou désagréables à la majorité de la Chambre, le Roi ne peut-il pas, aussitôt la loi des finances rendue, prendre d'autres ministres ? Certainement personne ne peut lui contester cette prérogative qui est plus que suffisante pour prouver la ridiculité et l'absurdité des prétentions de ceux pour qui l'ordre est un tourment et le bouleversement un besoin.

Notre Chambre élective ne sera point la dupe de ces manœuvres, elle sait que ce n'est point aux hommes qui composent le ministère qu'elle accorde le budget, mais bien à la France sous la direction du Roi.

Hommes impatiens d'arriver au pouvoir, hommes avides d'argent et d'honneurs, laissez-nous donc en paix, nous ne serons plus vos instrumens! Hé quoi! vous n'avez pas encore compris que les mots de révolutionnaires, de contre-révolutionnaires et plusieurs autres épithètes toutes aussi polies dont vous vous gratifiez chaque jour, ne servent qu'à exciter notre pitié? Du Roi seul, vous pouvez obtenir ce que vous désirez, et ce que vous désirez peut, par erreur, être confié à l'homme exalté; mais il n'en jouit pas long-temps.

Ambitieux! soyez donc modérés!

L'Abonné au Journal des Débats.

Si, malgré tous ces raisonnemens qui me paraissent justes, la Chambre des députés, pour obliger le Roi à changer ses ministres, vote contre la loi des finances, que pensez-vous qu'il doive résulter de cette mesure?

Le Maire.

Puisque vous me renouvelez une question sur

laquelle je me croyais dispensé de m'expliquer, je vais y répondre, en vous prévenant, toutefois, que je suis dans l'entière conviction que cette mesure ne peut avoir lieu, et que mon raisonnement n'est relatif qu'à une supposition.

Par ce fait, nos mandataires nous prouveraient qu'ils n'ont pas su comprendre leur mission et qu'ils ont voulu usurper un droit que la Charte accorde à la royauté seule.

Ici, Messieurs, je ne dois rien préjuger sur la conduite du Roi, mais elle serait puisée dans nos institutions, n'en doutons pas. D'ailleurs, la route à suivre ne me paraît pas difficile à trouver, je la vois écrite dans la Charte.

Article 14 : « *Le Roi fait les règlemens et ordonnances nécessaires pour l'exécution des lois et la sûreté de l'Etat.* »

Je n'ai pas besoin de vous le répéter, vous en convenez avec moi, sans impôt, la sûreté de l'Etat est compromise.

Ainsi, les députés ayant violé la Charte en dépassant les limites de leurs pouvoirs, le Roi, chargé de veiller à l'exécution des lois et à la sûreté de l'Etat, devrait dissoudre la Chambre, faire procéder à de nouvelles élections, conformément à la loi existante, et, en attendant la convocation de nos nouveaux mandataires, faire percevoir l'impôt d'après les bases établies par la dernière loi des finances. La nouvelle Chambre serait appelée à réparer les torts de celle qui aurait été dissoute, en réglant le budjet de l'année courante, et à rétablir la marche constitutionnelle, en votant celui de l'année suivante.

Personne de nous, Messieurs, n'est assez ennemi de son repos et de celui de sa famille, pour ne pas seconder le Roi dans ses vues bienfaisantes pour nous, et si quelque esprit tracassier venait vous donner des conseils contraires, ne l'écoutez pas, il vous conduirait dans un précipice ; repoussez de perfides insinuations dont les tribunaux sauraient bientôt faire justice.

Je crois vous avoir suffisamment prouvé qu'une association pour le refus de l'impôt est un acte intempestif, un acte coupable qui blesse l'honneur de la couronne, attendu qu'il suppose qu'elle peut trahir ses sermens.

Tous les Administrés.

Oui, oui, point d'association !

Le Maire.

Malheur à qui voudrait porter atteinte à la royauté!

Malheur à qui voudrait porter atteinte à nos institutions!

La royauté et nos institutions, nous les chérissons également et notre devise sera toujours :

Le Roi et la Charte!

Tous les Administrés.

Vive Le Roi! vive la Charte!